QUELQUES REMÈDES

POUR LE

RELÈVEMENT DE LA FRANCE

RONGÉE PAR LES SECTAIRES.

QUELQUES REMÈDES

POUR LE

RELÈVEMENT DE LA FRANCE

RONGÉE PAR LES SECTAIRES.

Ce qui m'afflige le plus c'est de voir que trente-cinq millions de bons Français, presque tous animés des meilleurs sentiments, se laissent jouer par une poignée de pillards panamistes et menteurs. Je vois la France rongée jusqu'aux os par les sectaires qui la conduisent à la banqueroute.

Je veux avertir les honnêtes gens, puisqu'ils sont la majorité, qu'ils doivent être gouvernés par des hommes tels qu'eux et non par des voleurs. Je leur dirai, en quelques mots, toute l'indignité de ceux qui nous gouvernent, et les moyens à prendre pour nous en débarrasser, car il faut en finir avec de tels gouvernants.

QUELQUES REMÈDES

RELÈVEMENT DE LA FRANCE

RONGÉE PAR LES SECTBIRES

CHAPITRE PREMIER

Les Francs-Maçons.

L'Evangile, dans un grand nombre de prophéties, nous prédit que la religion du Christ aura beaucoup à combattre pour être acceptée et comprise; mais nous prédit aussi qu'elle triomphera de tout, qu'elle s'étendra sur toute la terre, malgré les nombreux obstacles qu'elle rencontrera.

Or, qui croit aux paroles infaillibles des Livres saints doit s'attendre à ce que l'Eglise de Jésus-Christ combatte contre de nombreux ennemis; mais il ne doit rien craindre pour elle : puisque les assauts qu'elle reçoit ont été prédits, ils ne font que la fortifier en confirmant les prophéties annoncées.

Lorsque Dieu eut créé les anges, une partie d'entre eux se révolta contre lui. Satan, leur chef, fut, en punition, précipité dans l'enfer avec son armée. Mais Dieu, dans le dessein de faire acquérir aux hommes de plus grands mérites, a laissé à ces mauvais esprits le pouvoir de nuire, de tenter l'humanité et même de lui envoyer certaines maladies (1).

Le bien et le mal sont donc en présence par la permission divine. Ils se combattent et se combattront jusqu'à la fin.

Or la franc-maçonnerie, dont je ne dirai ici que quelques mots, est une partie de l'armée que Satan a recrutée parmi les hommes.

Parmi les loges maçonniques, il en est dont la création est toute récente, et qui, cependant, sont désignées sous le nom d'*ancienne* et *acceptée;* les pauvres ignorants qui se laissent

---

(1) Voyez *Le Démon*, cause et principe des maladies et moyen de les guérir. Dillet, rue de Sèvres, 15, Paris, 1888.

enrôler dans la secte se figurent appartenir à l'association la plus ancienne du monde.

Avant la franc-maçonnerie, Satan avait déjà son armée sur la terre. C'étaient les Gnostiques, les Albigeois, les Vaudois, les Cathares ou Patarins, puis les Manichéens.

La franc-maçonnerie descend directement de la secte manichéenne fondée par Manès qui fut écorché vif, sa peau empaillée et son corps abandonné aux chiens.

Dans les contrées où la foi n'a pas encore bien pénétré, comme en Afrique, Satan et son armée y règnent en maîtres; les sectes s'y composent d'adorateurs de serpents ou de certaines pierres grises auxquelles on attribue quelques vertus.

Lorsque la franc-maçonnerie ou l'armée de Satan de nos contrées se sera fait suffisamment connaître par son esprit mauvais et aura été exterminée, Satan aura encore son armée qui prendra sans doute un autre nom. Ce sera toujours la ligue de l'enfer ou le mal combattant le bien.

La secte maçonnique se réunit en des lieux secrets appelés *loges*, accessibles seulement aux initiés. Pourquoi se cache-t-elle ?... Qu'y fait-elle ?... Doit-on se cacher ?

C'est là qu'elle conspire, qu'elle médite l'accomplissement du mal. Aux pauvres dupes qui se laissent enrôler, elle impose le silence absolu en leur faisant prêter de nombreux serments, tels que : « Je m'engage et me soumets à la peine suivante si je manque à ma parole : Qu'on me brûle les lèvres avec un fer rouge, qu'on me coupe les mains, qu'on m'arrache la langue, que mon cadavre soit pendu dans une loge pendant l'admission d'un nouveau frère, pour être la flétrissure de mon infidélité et l'effroi des autres; qu'on le brûle ensuite et qu'on en jette les cendres au vent afin qu'il ne reste plus aucune trace de ma trahison. »

Malgré ces serments, les francs-maçons sont connus aujourd'hui, aussi l'Eglise les a-t-elle exclus de son sein en les excommuniant.

Faut-il dire que dans une certaine loge de France, il y a quelques années, le diable lui-même s'était montré plusieurs fois au milieu d'une de ces assemblées de damnés. Les journaux catholiques, entre autres les *Semaines religieuses* de Grenoble et de Cambrai, donnèrent quelques détails sur ces apparitions diaboliques, et dirent comment un prêtre, le père Jandel, avait mis en fuite le démon avec un crucifix. Mais cela fait trembler d'y penser.

Ecoutez ce qu'en dit un franc-maçon repentant, témoin de
ces apparitions :

« ... Le grand maître termine son évocation par des mots
auxquels je n'ai rien compris... Il avait à peine terminé qu'un
vent violent souffla dans la salle, malgré que les portes res-
tassent fermées. On entendit aussitôt un mugissement souter-
rain effrayant, le flambeau du grand maître s'éteignit de lui-
même et nous demeurâmes dans la plus complète obscurité.
Alors ce fut un fracas épouvantable, dont il est impossible de
se faire une idée. En outre, le sol tremblait par fortes secous-
ses ; il semblait que la maison allait s'écrouler sur nos têtes.
Je m'attendais à être enseveli vivant sous les décombres. Il
n'en fut rien. Un formidable coup de tonnerre éclata et la
salle fut brillamment éclairée, plus vivement que s'il y avait
eu des milliers et des milliers de bougies. Ce n'était pas une
lumière semblable à celle produite par des lampes électriques ;
c'était vraiment une lumière comme on n'en voit jamais,
tenant le milieu entre le rouge et le blanc, ni rouge, ni
blanche, bref une lumière indéfinissable... Tout à coup, cinq
ou six secondes après la brusque illumination de la salle, sans
aucune transition, sans la moindre formation d'un fantôme,
d'abord indéfini, puis prenant corps peu à peu ; tout à coup,
(c'est le seul cas où ce terme a vraiment lieu d'être employé),
un être humain fut vu par nous tous, assis sur le trône du
grand maître. L'apparition avait été d'une instantanéité ab-
solue... Au bout de quelques instants, qui m'ont paru des
siècles, j'entendis une voix qui nous disait : « Relevez-vous,
« mes enfants, prenez place et n'ayez aucune crainte. » Cet
esprit était bien un être comme vous et moi, de chair et d'os,
mais au corps véritablement rayonnant. Il n'y avait pas à en
douter, nous étions bien en présence de Lucifer en personne... (1). »

Cette association est donc l'œuvre du démon à qui elle a
élevé des autels ; devant ces autels elle fait agenouiller ceux
qu'elle reçoit dans son sein, ils le prient et ils l'adorent ! Aussi
après leur mort, ces pauvres infortunés retrouveront Satan,
puisqu'ils auront été ses disciples. Que c'est triste !

L'esprit du mal a donc une religion directement opposée à
notre religion, la seule véritable.

La franc-maçonnerie cherche à étendre ses rameaux de tous

(1) *Le Diable au XIX⁰ siècle*, par le docteur Bataille. — Delhomme et
Briguet.

côtés, mais spécialement là où règne la vérité, la vertu, le bon ordre, pour y substituer le mensonge et le vice.

Comme la religion catholique envoie ses missionnaires aux Indes, en Amérique, en Asie, etc., de même la franc-maçonnerie y a ses loges pour détruire le bien que fait notre religion.

De notre temps, la franc-maçonnerie semble prendre des proportions effrayantes; elle cherche à se rendre maîtresse du monde en faisant parvenir au pouvoir, par mille ruses, ceux de ses membres qui peuvent avoir quelque influence sur la société. Je me suis procuré la liste des francs-maçons de France, et j'ai constaté avec tristesse que la plupart de nos hauts fonctionnaires appartiennent à cette secte infernale.

Ses manœuvres sont toujours dirigées contre la religion catholique, quelquefois directement, bien souvent d'une manière détournée. Elle est, de nos jours, le péril social, l'âme de tout ce qui se fait de mauvais; c'est elle qui bouillonne comme un volcan sous nos pieds, c'est elle qui fait éruption dans les calamités qui nous épouvantent; elle est l'incarnation la plus parfaite de la Révolution. Son nom est synonyme de brigandage, guerre, anarchie; elle ne travaille que pour le mal et pour tout ce qui peut nuire au pays même où elle habite. C'est elle qui, poussée par la juiverie qui la dirige, prépare, médite une révolution prochaine. Les révolutions des siècles passés, celle de 1848, les massacres de 1793; Château-villain, Citeaux, Fourmies, les scandales de Panama, les troubles de Belgique, la guerre de 1870 sont le fruit de ses œuvres. Oui, la guerre de 1870! Sans la franc-maçonnerie Napoléon III n'aurait pas déclaré la guerre à la Prusse, car un franc-maçon, du jour où il a prêté serment, ne s'appartient plus. Or, Napoléon III s'y était laissé prendre et il fallut obéir ou sinon... Il savait, d'ailleurs, ce qui l'attendait.

Rien ne l'arrête : pour arriver à ses fins, elle va jusqu'au crime; témoin le Président de la République de l'Equateur, un saint homme (1). La franc-maçonnerie gênée par la renommée que s'acquérait Garcia Moreno, et, effrayée de ce qui pouvait en résulter, envoie quelques-uns de ses membres pour le tuer. Ceux-ci, liés à la secte par le serment, ne peuvent refuser, partent et accomplissent leur œuvre criminelle. Ils

(1) Voyez sa vie : *Garcia Moreno, Président de la République de l'Equateur, vengeur et martyr du droit chrétien* (1821-1875), par le P. Berthe, un vol. in-8o.

sont pris et tués à leur tour, mais, qu'importe, les loges sont débarrassées d'un homme qui attentait à leur tranquillité.

Les catholiques de France vont-ils à Rome fêter notre Saint-Père le Pape ; les francs-maçons ne peuvent le souffrir. Ne trouvant pas d'occasion pour empêcher ce pèlerinage, ils la feront naître ; et, par un coup monté à l'avance, les paisibles pèlerins sont assaillis, frappés, hués par une troupe de bandits, la police arrête non pas les coupables mais les pèlerins ; ces derniers sont accusés et mis en prison, puis des affiches mensongères sont placardées et vite les journaux portent au loin les événements faussés. Ces journaux sont lus, ils sont crus ; et c'est en vain que les feuilles catholiques crient à la tromperie, les journaux maçonniques étouffent leur réclamations par leur nombre, ils sont dix contre un, et les lignes que j'écris aujourd'hui auront peine à être acceptées par ceux qui ne consultent que les journaux des francs-maçons

Et dire que les hommes qui sont actuellement députes et sénateurs en France, en Italie, et même ailleurs, font partie de cette bande !

Il y a très peu de francs-maçons en France si on en compare le nombre (20.000 environ) à l'énorme quantité des chrétiens ; mais, malgré leur petit nombre, ils commandent à toute la nation, c'est une chose presque incroyable de voir que trente-cinq millions de bons Français, dont les idées sont généralement opposées aux idées maçonniques, soient gouvernés par une secte de malheureux perdus. Mais que faire ?... Ils tiennent les journaux et les journaux tiennent le peuple.

Les francs-maçons rêvent bien autre chose encore. Ils prétendent faire de toutes les nations une vaste et unique république, et gouverner à leur façon tous les habitants de la terre. Déjà les chefs supérieurs de la franc-maçonnerie sont des juifs allemands qui tiennent à Berlin leur siège principal ; et c'est déjà de cette ville que partent les ordres si bien exécutés en France, en Italie, en Amérique et ailleurs. Si malheureusement une nouvelle guerre se déclarait entre la France et l'Allemagne qui pourrait nous assurer que nous ne serions pas trahis malgré notre armement.

Or, les gouverneurs actuels de France et d'Allemagne sont francs-maçons : par conséquent leurs idées sont les mêmes, et si la loge de Berlin décide de nouvelles trahisons pour la France, nos soldats auront beau faire, ils seront vaincus.

La franc-maçonnerie a savamment multiplié et entretenu nos

divisions et nous a paralysé tant au point de vue politique qu'au point de vue social et religieux. Unissons-nous donc pour la vaincre aux prochaines élections ; faisons tous notre devoir. Allons droit au but et ne votons que pour des hommes honnêtes et non pour des francs-maçons ou des juifs.

CHAPITRE II

Les Juifs.

Maintenant, disons un mot du juif, cet autre sectaire non moins redoutable que le franc-maçon, et nous saurons alors par qui nous sommes gouvernés, puisque nos gouvernants se composent en partie de juifs et de francs-maçons.

Depuis que la France a donné au juif l'autorisation de s'installer chez elle, elle a vu son argent s'engouffrer par milliards dans les coffres du juif, toujours avide d'argent.

C'est pour lui une manie, une folie que l'amour de l'argent ; il ramasse l'argent pour l'argent, il en fait un Dieu ; aussi il en a de quoi en bâtir des maisons.

Ne semble-t-il pas que depuis que le juif Judas vendit Jésus pour de l'argent sa race devait en avoir par-dessus la tête ? Mais il ne lui profite pas plus qu'à Judas, qui se pendit de désespoir. Avec ses milliards, le juif est réellement malheureux. Il a été maudit de Dieu, il est haï de ses semblables, sa race est affligée de toutes sortes de maladies incurables prédites par le Deutéronome (chap. XXVIII).

Cependant c'était le peuple de Dieu, c'est lui qui devait être à la tête des nations pour les gouverner « L'éternel te mettra à la tête des nations.... Tu prêteras à beaucoup de nations et tu n'emprunteras point... » (Deutéronome, chap. XXVIII).

Cette supériorité des juifs sur les nations, Dieu ne la leur a point ôtée, la France sent bien que trop en ce moment ce joug qu'ils lui font subir. Ils sont nos chefs en franc-maçonnerie, nos députés, nos journalistes, nos préfets, nos sous-préfets, nos receveurs généraux, nos banquiers, etc. Ils sont nos maîtres ; ils se sont emparés de tout en trompant, en fraudant, en volant, etc. Bientôt ils se rendront maîtres de nos propriétés, de nos maisons en nous disant : « Tu n'es plus chez toi. »

Ce sont les juifs qui gouvernent les loges maçonniques ; les juifs sont la tête, et les maçons les bras.

Ce sont eux qui font hausser ou baisser le prix des denrées, selon qu'ils désirent vendre ou acheter, et le peuple, ne sachant pas à quoi attribuer ce changement subit, dit : C'est une crise de commerce. Ils font de même pour les opérations de la Bourse.

En un mot, les juifs nous oppriment, nous volent, ramassent tout notre argent, nous conduisent à la ruine. Sait-on où a passé l'argent du Panama...? Dans le coffre des banquiers juifs, des députés juifs et des journaux juifs, tous associés à la franc-maçonnerie.

Si nous ne nous opposons pas bientôt, et énergiquement, aux maux qui nous dévorent, et à ceux dont nous menacent les sectes, la France sera malheureuse.

Si le Dieu des chrétiens ne daigne pas jeter les yeux sur notre patrie, le peuple déicide finira par tout envahir, et alors malheur à nous !

Que faire pour remédier à tous ces maux ? Il faut d'abord prier le Seigneur de nous délivrer de nos ennemis, car si nous avons le Seigneur pour nous, qui pourra être contre nous ? Puis, et c'est notre devoir, de nous en débarrasser en leur ôtant tout pouvoir. Il faut les sortir de la Chambre, des préfectures, des mairies et de toutes les charges dont ils se sont emparés.

Nous osons souffrir chez nous une race maudite, et lui donner plein pouvoir de faire nos lois, une race qui tue nos enfants pour avoir leur sang et le manger ! Les électeurs ne le savaient pas.

Oui, avec notre argent, il lui faut encore du sang chrétien à ce peuple malheureux, il lui faut du sang innocent « pour se sauver » disent-ils ; c'est leur religion qui le leur enseigne. C'est affreux.

Dans tous les temps, depuis qu'ils ont immolé la grande Victime, dans tous les lieux on les a surpris à prendre nos enfants et à les saigner vers le temps de Pâques. On a puni de mort les coupables ; dans certaines contrées, on les a pendus, on les a mis en prison, rien n'a arrêté leur soif de sang chrétien.

Leurs crimes les ont fait chasser de tous les lieux de la terre. Aujourd'hui la Russie, qui les avait tolérés, les expulse.

Dernièrement, à Corfou, ils immolaient un enfant pour avoir son sang et le pétrir dans leurs pains azymes.

En Russie, la justice vient encore de s'emparer de plusieurs juives dont une seule avait immolé dix-huit enfants. Trois cents mille juifs ont été obligés de déserter cette contrée.

C'est ainsi que se vérifie cette menace qui pèse sur eux depuis dix-huit siècles quand le Christ leur déclara qu'ils seraient *vagabonds.*

Déjà Moïse, quinze siècles avant Jésus-Christ, leur prédisait : «.... Par sept chemins tu t'enfuiras devant eux (tes ennemis) et tu seras vagabond par tous les lieux de la terre (Deut., ch. XXVIII, v. 25).

En effet, depuis qu'ils ont fait mourir le Christ, ils ont erré sans patrie fixe, sans pouvoir se réunir.

Mais combien cette dispersion des juifs fait éclater la divinité de Celui qu'ils n'ont pas voulu reconnaître pour Dieu. Mais la vérification des paroles du Christ leur prédisant leur dispersion, ne devrait-elle pas suffire pour faire réfléchir ces obstinés.

Ce sang chrétien qu'ils boivent sert encore à vérifier la prophétie d'Ezéchiel, qui vivait 600 ans avant Jésus-Christ : « Le sang te persécutera »; et celle du psalmiste qui disait d'eux : « Ils ont immolé leurs fils et leurs filles.... » Et la terre a été infectée par l'abondance du sang qu'ils ont répandu. Le livre de la Sagesse, écrit mille ans avant Jésus-Christ, dit des Juifs : « Ils mangent, et ce sont les entrailles des hommes ; ils boivent, et c'est le sang des victimes humaines. »

O pauvre peuple! qui te fera comprendre que tu es dans l'erreur ? Qui te fera comprendre que ton esprit est égaré, que si tu erres dans le monde, c'est à cause de ton entêtement.

Si tu savais qu'à la fin des temps le Dieu des chrétiens permettra que tu reviennes de tes égarements, et que tu retourneras à Jérusalem, ta première patrie, pour adorer ce même Dieu que tu as crucifié.

Jérusalem est la patrie qui t'attend, retournes-y donc.

Ce temps semble s'approcher où l'ancien peuple de Dieu se fixera enfin à Jérusalem. Déjà ceux qui ont été chassés de la Russie sont allés se réfugier dans leur ancienne patrie. Déjà près de cent trente mille Israélites habitent l'ancienne terre promise. Jérusalem, à elle seule, en compte près de soixante mille, et le chiffre va toujours croissant (1).

---

(1) Voyez : *Le juif, voilà l'ennemi,* par Martinez, chez Savine, 12, rue des Pyramides, Paris, et vous verrez jusqu'où s'est abaissé ce peuple depuis qu'il est devenu déicide, lui, autrefois si grand. Voyez encore : *Le Mystère du Sang,* par Déportes, chez le même éditeur.

CHAPITRE III

Les journaux francs-maçonniques et juifs.

Je croirais manquer à mon devoir si je n'essayais à apporter quelques remèdes contre cette véritable plaie qui ravage aujourd'hui la France.

Ce sont les francs-maçons et les juifs qui rédigent la plupart des journaux de notre pays, et ceux qui les lisent ne se doutent nullement que ce sont de tels individus qui en sont les rédacteurs.

Ceux qui liront ce chapitre ne voudront pas croire que le mensonge put s'afficher avec tant d'audace. Mais, qu'on le sache bien, le mensonge est l'œuvre de Satan et l'on ne s'étonnera pas si ses victimes imitent leur maître.

Oui, ils mentent effrontément et avec un accent de vérité qui fait gémir tout homme de cœur qui voit le mal.

Croiriez-vous que les jeunes gens employés à la rédaction de ces feuilles, et qui ne sont pas encore faits au pli du mensonge, sont obligés de s'y mettre et de mentir s'ils veulent conserver leur place ?

C'est pourtant la pure vérité.

Il faut que lorsqu'il s'agit de choses de la religion, ils trompent leurs lecteurs ; il faut qu'ils écrivent le mensonge parce que leurs patrons, qui font partie des loges, l'exigent.

« Que voulez-vous que j'y fasse, avouait un jeune homme employé dans une de ces administrations et à qui l'on reprochait la fausseté de ses écrits, que voulez-vous que j'y fasse, c'est mon gagne-pain ? »

Pauvre jeune homme ! être obligé d'écrire le mensonge pour gagner son pain, être obligé de tuer des âmes pour plaire à l'administration ou bien être renvoyé ! Voilà le métier le plus triste qu'on puisse imaginer. Et le peuple lit et croit ce que l'autre écrit presque forcément et contre sa conscience ! Pauvre peuple français, dans quelle voie se laisse-t-il conduire ! Ah ! il ne sait pas qu'il est joué.

On voit certains départements de France dont les habitants sont comme enragés contre les prêtres, les sœurs et tous ceux qui ont mission d'enseigner notre sainte religion, on remarque des villages particulièrement excités contre le clergé.

Savez-vous pourquoi cette haine dans telle contrée, tandis

que telle autre se trouve calme, paisible ? Ah ! cette différence, vous le devinez sans peine, est due au voisinage de certain journal qui empoisonne tout autour de lui. Il ne faut qu'un fruit pourri pour faire pourrir les autres. Et dire que ceux qui absorbent ce poison d'un nouveau genre, poison qui a le pouvoir de provoquer en eux la haine et la colère contre Dieu et son Eglise, se figurent être dans le vrai ! Pauvre France !

On entend certaines gens de la campagne se dire avec étonnement : « Le monde est devenu méchant. » Un vieillard disait un jour : « De mon temps, les hommes n'avaient pas tant de malice. — De votre temps, lui fut-il répondu, il n'y avait pas de mauvais journaux. »

On ne se rend pas assez compte combien ce chancre fait de mal à la société, surtout dans les villes. Qui pourrait compter le nombre des honnêtes gens qui lisent ces feuilles de l'enfer et s'y empoisonnent, y perdent leur âme sans s'en douter ? Combien y en a-t-il qui étaient bons croyants, bons chrétiens, et qui ont perdu complètement la foi depuis qu'ils lisent les journaux ?

Mais ce ne sont pas toujours les journaux qui soutiennent ouvertement la ligue de Satan ou qui se disent carrément les ennemis des chrétiens qui sont les seuls à craindre. Il y en a beaucoup d'autres qui ont un aspect moins farouche, ils avouent même soutenir la Religion ; ils sont pieux au besoin, ils donnent parfois de grands détails sur les cérémonies de l'Eglise.

Méfiez-vous, bien souvent cette douce apparence cache la tromperie.

Le juif Juda, avant de trahir Jésus, le baisa : les Juifs d'aujourd'hui et les francs-maçons leurs complices usent de toutes les hypocrisies pour tromper leurs lecteurs.

Dernièrement, une de ces feuilles rédigées par les Juifs se déclarait catholique et prétendait toujours soutenir notre Religion.

« *Vous êtes des sépulcres blanchis... des races de vipères,* » leur disait le Christ, qui connaissait leur malice. Or, les Juifs d'aujourd'hui sont encore comme ceux d'autrefois.

Les pièges, croyez-le, sont tendus avec beaucoup d'habileté. Les francs-maçons ont des journaux à eux, eh bien ! ils ne s'en servent presque pas pour leur infernal métier de tuer les âmes, ils savent qu'ils ne seraient pas lus, mais ils se servent des plus connus, ils s'y faufilent avec adresse ; et avec eux ils y font entrer leur poison.

Si un charitable chrétien qui voit le mal se hasardait de faire observer à quelque assidu lecteur de la libre-pensée que le journal qu'il lit est mauvais, celui-ci répondrait aussitôt : « Vous vous trompez, mon journal est très bon. » Il ne voit pas, l'imprudent lecteur, où se trouve le venin caché que je veux ici lui faire connaître.

Nos députés francs-maçons ont eu soin, dans un but mauvais, de faire une loi des plus injustes : la liberté de la presse; et le journaliste, maçon lui aussi, se sert de cette loi pour entasser mensonge sur mensonge.

Le journaliste, lui, dont l'habitude d'écrire ne lui est qu'un jeu, fera à son gré incliner son lecteur du côté qu'il lui plaira ; il sait si bien tourner et retourner les mots qu'il donne au sujet qu'il traite le caractère qu'il lui plaît de lui donner; il peut faire apercevoir à son lecteur qu'un tel est un criminel ou un brave homme selon son goût, et quand il y est parvenu il lui est facile ensuite de le critiquer ou de prendre sa défense; et le lecteur peu méfiant trouve que son journal parle juste. Le journaliste, qui a étudié le caractère de l'homme, sait ce qu'il doit faire pour lui plaire ; aussi, il le façonne lentement: Quelquefois on attribue une petite faute à un personnage qu'on ne nomme pas toujours — à un religieux par exemple — puis, comme la faute n'est pas grave, on pacifie, on tolère, on est bon. C'est avec de semblables artifices que le lecteur a donné toute sa confiance à *son* journal : « Je l'ai vu sur mon journal. — Mon journal a raison ».

Le vrai chrétien a bientôt connu la malice et c'est avec regret qu'il considère de qu'elle manière hypocrite et louangeuse on défigure la religion du Christ, et comme les âmes courent à leur perte sans le savoir !

Les choses y sont si bien arrangées ! on y fait de la morale, au besoin de la philosophie; on fait semblant de soutenir cette religion, on applaudit à la vaillance, on condamne les abus, etc. Et le trop crédule lecteur s'accommode à ce langage qui n'a rien que de raisonnable; son caractère se forme avec celui de son journal et il finit par l'écouter comme un oracle.

C'est ainsi que le pauvre peuple se laisse jouer sans s'en apercevoir; aussi, il penche, il penche vers le matérialisme, vers l'abrutissement et finit par y tomber lentement. Oui, lentement il glisse au fond de l'abîme par une pente douce; et comme il n'y a pas eu de secousse, il ne sait pas qu'il est au fond et ne fait aucun effort pour en sortir, il y reste.

Mais, dans cette boue, il s'y trouve malheureux parce qu'il n'a plus devant lui la perspective d'une autre vie. Lui, qui a été créé pour Dieu ; lui, créature faite à l'image du Créateur ; lui, « *qui ne vit pas seulement que de pain...* » lui, qui est composé de deux êtres distincts, le corps et l'âme, et qui a besoin pour son âme de cette autre nourriture spirituelle, la parole de Dieu ; lui, qui est fait pour le ciel, il ne pense plus au ciel ni aux choses célestes. Son journal l'a amusé à des choses peu importantes et il n'a rien dit des grands événements qui se sont produits dans le monde spirituel et se produisent encore en France, tels que les miracles de Lourdes, aussi éclatants que le soleil devant des foules innombrables.

Le récit de ces miracles constatés par tant de chrétiens, et publiés par la plupart des feuilles catholiques, n'a jamais paru sur ces feuilles infectes. Et cependant n'est-ce pas là un événement (1) ?

Un seul miracle, n'est-ce pas un événement plus grand que tous les faits divers que racontent tous les jours ces journaux ? Et pourtant leur silence est absolu de ce côté. — Absolu ? — Du moins pas toujours : lorsqu'ils trouveront une fausse nouvelle, une plaisanterie pour tourner la religion en ridicule, ils mettront tout leur savoir à allonger la sauce, et le lecteur gobera tout jusqu'aux plus grossières âneries.

Bientôt ce lecteur perdra toute idée de Dieu, il oubliera ce qui faisait autrefois son bonheur ; il deviendra matérialiste, athée, une vraie machine qui ne fonctionne plus qu'avec douleur, il deviendra comme un animal, il crèvera bientôt. De là, le désespoir, de là tant de suicides et tant de crimes aujourd'hui. Ou bien sa vie se passera comme celle de son séducteur, dans la haine du bon Dieu, dans le mépris de tout ce qui est saint ; il détestera le chrétien sans savoir dire pourquoi, et il mourra, ce pauvre être, en blasphémant, en reniant la religion de son enfance qui voudrait le sauver et tombera dans une éternité de souffrances à cause d'un journaliste, d'un franc-maçon qui a su gagner de l'argent en abusant de la crédulité de sa victime. O trop crédules incrédules, que vous êtes à plaindre !

Je peux bien ajouter qu'une grande partie des crimes mentionnés par les journaux, ont été encouragés par eux-mêmes,

(1) Voyez *Les Miracles de Lourdes*, par un témoin oculaire. Chez Delhomme et Briguet, avenue de l'Archevêché, Lyon. Prix : 1 fr. Lisez ce livre, il vous consolera.

parce qu'ils ont ôté des cœurs tous les bons principes et y ont substitué des germes qui produisent des crimes. Jamais les mauvais journaux n'ont été aussi répandus qu'aujourd'hui et je ne crois pas que dans aucun temps on ait constaté tant de crimes. — Et à qui la faute ? — A quelques pauvres perdus disséminés à travers la France. Il en seront punis : « Malheur, a dit Notre-Seigneur, par qui le scandale est donné ! »

Mais faut-il que les coupables idées d'un journaliste rejaillissent sur des milliers d'êtres qui deviennent méchants à cause de lui, et qui sans lui resteraient bons ? Faut-il que la plume d'un seul homme cause tant de mal ? Que de châtiments s'attire ce journaliste ! Quel triste sort il se prépare pour l'éternité ! Tout retombera sur lui.

Si c'était pour satisfaire leur haine contre le clergé que les journalistes francs-maçons et juifs inventèrent la fable de Citeaux qui fit tant de bruit dans la presse, c'était aussi par ambition car « ça fait vendre ». Les mensonges qui ont été lancés à ce sujet se sont répercutés d'écho en écho et sont allés jusqu'à l'étranger. Ainsi, un journal italien, *Il Democratico*, publiait en juillet 1888 que les moines de l'Ordre célèbre de Saint-Bernard tuaient les petits enfants à Citeaux, et des lettres de Westphalie demandaient à Dijon si c'était vrai que le peuple, en furie contre les religieux lascifs et assassins, avait mis un couvent à feu et à sang ? Non, ce n'était pas là la vérité. La vérité, la voici en peu de mots :

C'était un coup monté par la maçonnerie, qui devait s'exécuter de point en point aux jours et aux dates connus. Le 3 juin 1888, je précise, il avait été décidé par les francs-maçons assemblés « qu'on commencerait une campagne contre les catholiques ». Les Pères de Citeaux devaient être les premières victimes, puis Brignais, puis... toutes les congrégations religieuses devaient également fondre au bout d'un délai fixe.

Le coup, dis-je, était monté, car le 13 juillet suivant, pendant que la presse ne s'occupait presque que de l'affaire de Citeaux, le député maçon Lafon (1), montant à la tribune, osait déposer sur les bureaux de la Chambre la proposition de loi suivante élaborée dans quelque loge : « ..... Toutes les congrégations religieuses de cette nature (congrégations d'hommes) autorisées ou non, actuellement existantes, devront

____

(1) M. Lafon a paru devant Dieu et lui a rendu compte de ses œuvres. Que le bon Dieu lui pardonne ainsi qu'à tous ceux de sa bande.

se dissoudre dans un délai de trois mois. Les biens, meubles et immeubles appartenant auxdites congrégations seront immédiatement mis sous séquestre. Il en sera de même des immeubles occupés par les congrégations et exploités par elles, alors même que des titres seraient produits en attribuant la propriété à des personnes étrangères ..

« A dater de l'expiration des délais prévus... l'affiliation à des congrégations religieuses d'hommes sera punie d'une amende de cent à dix mille francs, et pourra donner lieu à un emprisonnement de quinze jours à un an... »

Telle était la fameuse loi que nos maçons se proposaient de mettre à exécution, tout de suite, sans donner raison pourquoi. Cette loi ne devait pas plus passer que leurs mensonges. Cependant, les journaux anticatholiques, et rédigés par tout ce qu'il y a de mauvais, continuent la campagne. Les prêtres sont traînés dans la boue, insultés, traités de monstres en soutanes, accablés de crimes abominables. — Comment se fait-il donc que tant de crimes aient été dénoncés tous à la fois par des accusateurs si nombreux et de pays si différents, et que l'on soit resté si longtemps sans en dénoncer un seul ? Je ne comprends pas cela. Mais ce que l'on voit clairement, c'est que toutes les loges étaient prévenues ainsi que les journaux des loges pour lancer des faussetés.

La justice, naturellement, est mise en éveil, elle se met à la recherche des fuyards... qui n'avaient pas fui.

Mais la presse antichrétienne continuait plus fort : Calomnies, mensonges, etc. On citait cinq prêtres déjà trouvés et quinze qui sont recherchés... Rien ne manquait, excepté la vérité, car la vérité était que le directeur de Citeaux n'avait pas mis le feu à l'établissement ; qu'aucun prêtre, aucun Père de la Congrégation de Saint-Joseph n'avait été arrêté, aucun n'avait fui, aucun Père n'avait commis un seul crime, la preuve est qu'on a rien trouvé contre eux et que dans la suite aucun ne fut condamné.

Les journaux des maçons n'avaient pas été les seuls instruments mis en œuvre pour faire réussir leur plan, on se servait de qui on pouvait, de tous ceux qui étaient disposés à mentir. Ainsi, un jeune enfant de quatorze ans, le petit Charles Lévy, se présentait à la police, se disant échappé de Citeaux ; il racontait avec détails les mauvais traitements dont il avait eu à souffrir de la part de ses anciens·maîtres de Citeaux. Il désignait spécialement les Frères Hippolyte et Philippe. Un journal juif envoya un de ses rédacteurs interroger le jeune vagabond et fit grand bruit au sujet de sa déposition très détaillée. Quelques jours plus tard, le jeune Lévy passait en correctionnelle sous l'inculpation de vagabondage ; l'instruction avait démontré qu'il n'y avait pas un seul mot de vrai dans ses déclarations et qu'il n'avait jamais mis les pieds dans la colonie de Citeaux. A l'audience, il avouait franchement ne pas savoir où était Citeaux, déclarant avoir agi ainsi sur le conseil d'un inconnu qui lui avait fait la leçon.

Cependant d'autres journaux, aussi infects que les premiers, se sont mis au nombre des calomniateurs ; les prêtres, d'après ces journaux, se sont rendus coupables de crimes monstrueux. Les religieux torturaient les petits enfants. Citeaux, l'antique et célèbre abbaye, est devenue une sentine de tous les vices, etc., etc., etc., mensonges ! mensonges ! La justice alors s'empare de tous les prétendus coupables, puis elle en relâche un grand nombre. Quels sont ceux qui restent ?

Il reste... des anciens élèves de Citeaux qui n'ont jamais porté l'habit religieux, mais que les journaux anticatholiques appelaient bien du nom de *Frères de Citeaux* ; et ces élèves, le croiriez-vous ? n'étaient plus à Citeaux depuis des années, tels que les suivants : Jaubert, mécanicien, sorti depuis deux ans ; Migayrou, soldat du 22ᵉ de ligne ; Faure (Joseph), sorti depuis plusieurs années ; Vivien Charles, sorti depuis plusieurs années, etc...

Il reste également une religieuse sur soixante, la sœur Estelle. Elle est devant les juges, quel est son crime ? Elle ne l'a jamais nié, c'est d'avoir donné quelques tapes à un mauvais garnement. Le frère Gros est devant les juges, lui aussi ; d'après les journaux, quatorze témoins allaient déposer contre le Frère Gros les plus terribles accusations ; qu'a-t-il donc fait ? A l'audience, les quatorze témoins interrogés déclarent que les accuastions portées contre le frère Gros étaient fausses. Mais il reste encore le plus grand des criminels, c'est le P. Donat, le supérieur de l'établissement. C'est sur lui que les journaux ont versé le plus de venin : Il est accusé de tous les crimes et de tous les méfaits ; on a accumulé sur lui toutes les abominations, on l'accuse d'assassinats, de disparitions de cadavres, de crimes étouffés dans le sang et que sais-je encore. La justice a cherché, elle a fait parler des centaines de témoins et on n'a trouvé qu'une vie d'un demi-siècle de charité et de dévouement.

Mais, écoutez un petit passage de la longue plaidoirie de M⁰ Jacquier, son défenseur : « Ah ! on ne l'a pas épargné, depuis trois mois, j'ai lu la collection des journaux qui se sont fait de l'affaire de Citeaux, un monopole. Il n'y a pas d'outrages qu'on ne lui ait épargné... La vie de mon client compte soixante-trois années, trente-huit se sont passées à Citeaux. On a fait entendre des témoins par centaines et à la façon dont ils se rétractent, on peut juger celle dont ils accusent. Eh bien ! on n'a pas pu saisir un reproche, un soupçon, pendant une carrière d'un demi-siècle, pas une défaillance, pas une ombre, sa vie est irréprochable. Que dis-je, sa vie est toute de dévouement et de charité.

« M. Donat aurait pu vivre heureux et paisible, il avait l'aisance, l'instruction, l'éducation, il a préféré renoncer aux facilités de la vie et venir s'enfermer à Citeaux. — Et pourquoi ? — Parce qu'il y avait là des enfants dont leurs familles ne voulaient plus, que la société redoutait, et à ces enfants il a offert son dévouement.

« Comptez le nombre de ceux qu'il a ainsi relevés, ranimés, réhabilités. Comptez aussi ce qu'il a fallu d'effort de vertu pour y arriver ; et pour le récompenser, vous le poursuivez, et ce matin les journaux de la région annonçaient à grand renfort de complicité la poursuite contre le supérieur de Citeaux.

« Ah ! des prévenus comme celui-là, vous en trouverez souvent. Allez, mon Père, votre honneur sacerdotal n'a rien à perdre des outrages dont on vous a abreuvé et si je ne sais pas qui peut être contre vous, ce que je sais bien, c'est que tous les honnêtes gens sont avec vous... »

Où sont donc tous ces brigands, ces incendiaires que les journaux juifs, francs-maçonniques, rouges, radicaux, socialistes, affichaient si haut ? où sont ces prêtres déjà trouvés et ceux qui sont en fuite ? Ils sont à leur devoir ; mais vous, ô journalistes, vous n'y êtes pas.

Telle est, en résumé, l'affaire de Citeaux. Mais ce procès, tenté par les francs-maçons, avait un but : « Il faut que Citeaux et ses centaines d'hectares de bois et de champs soient confisqués, nous y arriverons. » (Paroles des francs-maçons réunis.)

Ils ont réussi. L'opinion publique avait été assez préparée contre Citeaux afin qu'il n'y eut pas de réaction de la part du peuple et que l'on put, de l'avis de tous, faire tomber injustement un des plus grands établissements catholiques du monde qui avait rendu à la France les plus signalés services. Aujourd'hui, Citeaux n'est plus Citeaux. Citeaux, si grand en souvenir, si fécond en bonnes œuvres, qui avait sauvé des milliers d'enfants de la misère, du vice et de l'abandon, Citeaux, que l'inspecteur général, M. Herbette, citait comme une colonie modèle, Citeaux, qui n'a pu être frappé dans son honneur, a été frappé dans ses biens. Le franc-maçon Sadi Carnot, président de la République, a obéi aux loges maçonniques en signant un acte qui a forcé la Congrégation à se dissoudre.

C'est ainsi qu'en France on condamne l'innocence. Cependant Citeaux appartenait bien aux Pères de la Congrégation de Saint-Joseph; son fondateur, le Père Rey, l'avait bien payé jadis, un million, et maintenant ils en sont dépouillés. Où se trouve la justice en France ?

C'étaient déjà les journaux antichrétiens qui avaient dirigé une infâme accusation contre le Frère Amazius, de Grenoble, puis cette fausse histoire d'un couvent de religieuses des environs de Vienne, puis l'affaire de Saint-Sorlin, où un vénérable prêtre était odieusement vilipendé; puis cette autre campagne dirigée contre les Frères de Gex, etc. Je n'en finirais pas si je voulais réfuter les faussetés lancées par les journaux et crues par le public.

Croyez-vous maintenant que les cinq cent mille ou les millions de lecteurs qui ont lu ces inventions aient appris ensuite, par les mêmes journaux, que les choses s'étaient passées autrement ? que les accusés ont été reconnus innocents ? Pas du tout ! ces journaux ont tout laissé croire; et lorsque les innocents se sont fait justifier publiquement, aucune de ces feuilles n'a reproduit cette justification. Voilà comment le peuple est trompé et il ne s'en aperçoit pas. — Nous sommes, naturellement, portés à croire ce que nous entendons, à imiter ce que nous voyons, nous copions tout, nos idées deviennent les idées de ceux que nous fréquentons, notre caractère devient leur caractère, et les opinions d'un homme changent s'il change de journal. Ce changement ne se fait pas en un jour, mais il se fait très vite, et insensiblement. Un cœur bon et sensible devient bientôt dur et froid par la lecture de ces journaux; il perd cette charité qui distingue le chrétien et, par suite, plus de bonheur pour lui.

Si l'Eglise catholique défend la lecture des mauvais journaux sous peine de péché mortel, elle a raison, parce que ceux qui les lisent risquent de perdre leur foi et de se plonger dans de grands embarras. Combien d'âmes s'y trompent et absorbent ce venin subtil distillé dans certaines imprimeries !

Ces âmes qui sont faites pour adorer Dieu, pour prier, pour croire, n'entendent jamais parler de la vie future que d'une manière fabuleuse. Elles en ont bien conservé une idée, mais cette idée passe bientôt ; elles finissent par déserter les églises, elles qui, auparavant, y trouvaient des adoucissements aux misères de la vie ; elles n'ont plus rien qui les console.

Ah ! je voudrais que le peuple qui se laisse tromper si facilement, connaisse le triste état de l'âme de ces quelques barbouilleurs de papier, leur malice, leur indignité, leur misère, leur bassesse. — « Arrière ! » leur dirait-il, « c'est donc toi, malheureux, qui me tient un langage si mielleux. » Je pourrais en citer qui se sont faits journalistes et ils ont commis des crimes abominables, et ce sont ceux-là qui font le plus de bruit. Et le peuple se laisse gouverner par ces hommes-là, il les écoute, il les croit, il les approuve.

En attendant, le journaliste ramasse une fortune en se riant de ses victimes ; en attendant, le mal se propage ; et lorsque vient le moment des élections, les mauvais journaux, qui sont les plus nombreux, font voter pour qui ils veulent. De là vient que notre pays de France est si mal gouverné, car on peut dire, sans se tromper, que ce sont les journaux qui gouvernent la France.

La France, qui est encore le plus beau centre de la civilisation ; la France, qui est le pays le plus favorisé du monde par son climat, par la variété de ses productions, par sa situation commerciale et maritime, par sa science, ses arts, son industrie ; la France est aujourd'hui une nation qui menace ruine... Elle est la plus endettée de *toutes* les nations, son déficit dépasse trente milliards !! et ce sont les Français qui paient le plus d'impôts (150 fr. par tête). A qui la faute ? Aux journaux qui font faire les élections. A qui la faute encore ? Aux électeurs qui n'ont pas compris qu'ils étaient trompés, joués par les journaux des francs-maçons, et placé pour nous gouverner des francs-maçons et des juifs qui nous volent, nous déshonorent, nous conduisent à la misère. Pauvre France !

Chrétiens, prions, prions ensemble pour que Dieu nous relève. Prions surtout pour ces infortunés journalistes qui rendront compte un jour de tous les crimes qu'ils commettent, de tous les maux dont ils sont la cause. Ah ! je les plains bien plus que je ne les blâme, et si je les traite de menteurs, je ne les déteste pas pour cela ; je n'ai pour eux que de la compassion mais point de haine, car ce sont mes frères après tout. Ce que je hais, c'est le mal qu'ils font et font faire.

C'est la charité que m'enseigne ma religion, qui m'oblige à prévenir mes autres frères de ne pas se laisser prendre aux pièges que leur tendent ces quelques égarés ; heureux si je parviens à protéger quelques âmes.

Quant à ces malheureux dont je viens de dire un mot de leur malice, je ne m'attends qu'à leurs calomnies. Ils pourront rire de ma naïveté. Qu'importe ; moi, je les aime et je voudrais même, s'il m'était possible, sauver leur âme qui est faite à l'image de Dieu. Ces pauvres malheureux me sont plus chers que bien d'autres, ils m'intéressent davantage parce que, s'ils se convertissaient, comme cela est arrivé pour plusieurs, quel bien ils feraient ! Ce sont ceux-là qui deviennent les plus grands apôtres. J'en trouve une preuve chez Léo Taxil, dont son journal l'*Anticlérical* s'est fondu, après sa conversion, dans *La Croix du Dimanche*. Ce journaliste franc-maçon, qui avait déclaré une guerre à outrance aux chrétiens, a ouvert les yeux et reconnu son erreur.

Si ces pauvres perdus réfléchissaient un peu, ils reconnaîtraient que l'œuvre qu'ils font est celle de Satan, qu'ils sont ses domestiques, ses esclaves, ses instruments de destruction ; que c'est lui, Satan, qui les inspire, qu'ils écrivent, pour ainsi dire, sous sa dictée. Non, ce n'est pas l'homme que je blâme qui est la cause première de tant de mal, — et le mal est immense ; — l'homme par lui-même ne pourrait pas être si méchant, car il y a dans l'homme un germe de bonté ; l'homme, fait à l'image de Dieu, porte en lui un cachet de la divinité, et s'il lui arrive de réfléchir sérieusement, il s'attendrit.

Il faut que ce soit Satan qui les y pousse, qui les trompe les aveugle, leur fait entrevoir que le mal qu'ils font n'est pas grand ; que d'ailleurs ils ont quelque raison d'agir ainsi. Oui, tous ces hommes sont des aveugles et j'ajoute qu'avec leur savoir, toutes leurs belles paroles, ce sont des ignorants. Ils ignorent où est leur propre bonheur, ils ignorent le mal qu'ils se font à eux-mêmes et qu'ils font à leurs frères ; mais leur ignorance est coupable parce qu'ils agissent avec malice et que Dieu surtout ne les laisse pas sans leur envoyer de temps en temps sa grâce et les inviter à réfléchir. Heureux ceux qui répondent à ces appels divins.

Mon Dieu, que leur aura rapporté à leur mort la peine qu'ils se sont donnée à faire le mal? Quelle espérance d'outre-tombe auront-ils alors? Ce sera l'enfer, l'éternité malheureuse!

Ah! si quelques-uns se détachaient de leur infernal métier et employaient leurs talents à travailler pour cette Religion qu'ils combattent et qui leur survivra, combien ils seraient plus heureux et pour le temps et pour l'éternité!

Chrétiens, je m'adresse à vous pour combattre ce mal qui dégrade la société et tue les âmes, je m'adresse à vous pour répandre les bons journaux qui opposent la vérité aux mensonges. Voyez avec quelle abondance ces feuilles infectes sont répandues; il est bien peu de familles qui ne lisent aujourd'hui un journal et quel journal! C'est à vous, chrétiens, d'y porter remède en semant partout des journaux catholiques et de bons livres.

CHAPITRE IV

Liste des journaux permis.

Si le journal, dans les temps troublés où nous vivons, fait tant de mal en France, il peut aussi réparer et faire beaucoup de bien. C'est lui qui gouverne tout, jusqu'à nos gouvernants. Il faut donc, coûte que coûte, que les bons journaux soient connus; et c'est là, peut-être, une question de vie ou de mort pour notre patrie. Hélas! ils sont clairsemés, ces bons journaux, en raison peut-être de ce qu'ils sont traqués et en butte à toutes les menaces des francs-maçons; mais ne sont-ils pas la bonne semence et n'en sont-ils pas plus dignes à nos nos yeux. Ils disent la vérité, qui a le pouvoir de se faire aimer, et la vérité est cette lumière qui perce et se fait jour à travers les ténèbres qu'a fait le mensonge.

Il est certain que nos députés francs-maçons ne seraient pas au pouvoir, ni les sénateurs, ni les préfets francs-maçons, ni tous tous ceux qui infectent la France, si le peuple avait connu la vérité; il faut donc la lui faire connaître, et il ne la connaîtra que par la voie des bons journaux.

Disons d'abord qu'on ne doit pas lire les journaux francs-maçons, sous peine de péché mortel; d'ailleurs les évêques de Belgique en ont renouvelé la défense au commencement de 1893, dans une lettre dont voici un passage :

« Nous renouvelons, autant qu'il est en notre pouvoir, les

défenses faites par l'Eglise, sous peine de péché mortel, d'imprimer, de vendre, de colporter, distribuer ou donner, tous livres, tous journaux, revues, feuilles périodiques contraires à la foi ou aux mœurs... »

Si quelqu'un objecte qu'il peut lire les mauvais journaux, sans que son opinion puisse être ébranlée, je lui répondrai qu'il est libre de se perdre ou de se sauver, et j'ajoute que : si quelqu'un pense avoir assez de force pour lire indifféremment tous les mauvais journaux sans qu'il y ait du danger pour son âme, qu'il soit anathème !

Voici une liste des journaux permis :

Ain. — *L'Avenir de l'Ain. Le Journal de l'Ain. La Semaine religieuse de Belley. La Croix de l'Ain.*

Aisne. — *Le Journal de Saint-Quentin. Le Journal de l'Aisne. Le Journal de Château-Thierry. La Semaine religieuse de Chauny. La Croix de l'Aisne. L'Argus soissonnais.*

Allier. — *Le Massager de l'Allier. Le Mémorial de l'Allier. La Semaine religieuse de Moulins. La Croix de l'Allier.*

Alpes-Maritimes. — *Gazette de Nice. Semaine religieuse de Nice. Croix des Alpes.*

Ardèche. — *Patriote de l'Ardèche. Journal d'Annonay. Croix de l'Ardèche. Semaine religieuse de Viviers.*

Ardennes. — *Courrier des Ardennes. Petit Courrier* (Charleville). *Croix des Ardennes.*

Ariège. — *Conservateur de l'Ariège. Semaine catholique de Pamiers.*

Aube. — *Propagateur de la Champagne. Revue catholique de Troyes. Croix de Troyes.*

Aude. — *Courrier de l'Aude. Le Salut. Avenir de l'Aude. Union de l'Aude. Courrier de Narbonne. Semaine religieuse de Carcassonne. Semaine catholique de Carcassonne. Croix de Narbonne.*

Aveyron, — *Journal de l'Aveyron. Messager de Milhau* (Rodez). *Croix de l'Aveyron. Semaine religieuse de Rodez.*

Bouches-du-Rhône. — *Gazette du Midi. Journal de Marseille. Provence nouvelle. Soleil du Midi. Semaine religieuse de Marseille. Semaine Religieuse d'Aix. Croix de Provence.*

Calvados. — *Eclaireur du Calvados. Avenir du Calvados. Semaine religieuse de Caen. Croix de Caen.*

Cantal. — *Moniteur du Cantal. Semaine catholique de Saint-Flour. Croix du Cantal.*

Charente. — *Le Charentais. Matin Charentais. L'Ere nouvelle* (Cognac). *L'Observateur* (Ruffec). *Semaine religieuse d'Angoulême.*

Charente-Inférieure. — *Tablettes des deux Charentes. Echo Rochellois. Moniteur de Saintes. Bulletin religieux* (La Rochelle).

Cher. — *Messager du Cher. La Coopération* (Bourges). *Semaine religieuse de Bourges. Croix de Sancerre.*

Corrèze. — *Journal Le Limousin-Quercy. Semaine religieuse de Tulle.*

Côte-d'Or. — *Le Catholique. Petite Bourgogne. Semaine religieuse de Dijon.*

Côtes-du-Nord. — *Indépendance bretonne. Union Malouine et Dinanoise. Semaine religieuse de Saint-Brieuc.*

Creuse. — *Courrier de la Creuse.*

Dordogne. — *Eclaireur de la Dordogne. Semaine religieuse de Périgueux.*

Doubs. — *Union Franc-Comtoise. Semaine religieuse de Besançon. Croix du Doubs.*

Drôme. — *Sentinelle de la Drôme. Revue mensuelle d'Archéologie* (Valence). *Petit Valenciennois. Croix de la Drôme.*

Eure. — *Courrier de l'Eure. Semaine religieuse d'Evreux.*

Eure-et-Loir. — *Journal de Chartres. Courrier d'Eure-et-Loir. Echo Dunois. L'Eclaireur* (Dreux). *La Voix de Notre-Dame de Chartres.*

Finistère. — *L'Océan. Union monarchique. Croix de Brest. Semaine religieuse de Quimper. Courrier du Finistère. La Vérité* (Morlaix).

Gard. — *La Fraternelle* (Alais). *Journal du Midi* (Nîmes). *Semaine religieuse de Nîmes. Croix du Gard.*

Gers. — *Semaine religieuse* (Auch). *Croix de Gers.*

Hautes-Alpes. — *Croix des Hautes-Alpes.*

Haute-Garonne. — *Economat domestique. Les Nouvelles. Journal de Toulouse, Messager de Toulouse. Dimanche illustré de Toulouse. Semaine catholique de Toulouse.*

Haute-Loire. — *L'Echo du Velay. Semaine religieuse* (Le Puy).

Haute-Saône. — *Croix de la Haute-Saône.*

Haut-Rhin. — *Journal de Belfort. Croix de Belfort.*

Hautes-Pyrénées. — *Petite Bigorre. Avenir* (Bagnères-de-Bigorre). *Croix des Hautes-Pyrénées. Le Journal de Lourdes.*

Haute-Vienne. — *Gazette du Centre. Indépendant de la Vienne. Semaine religieuse de Limoges.*

Gironde. — *La Guyenne* (Bordeaux). *Le Nouvelliste* (Bordeaux). *Courrier de la Gironde* (Bordeaux). *L'Aquitaine* (Bordeaux). *Croix de Bordeaux.*

Hérault. — *L'Eclair* (Montpellier). *Le Publicateur* (Béziers). *Semaine religieuse de Montpellier. Croix de Montpellier.*

Ille-et-Vilaine. — *Eclaireur de Rennes. Salut de Saint-Malo. Journal de Rennes. La Foi Bretonne. Journal e Fougères. Le Redonnais. Journal de Vitré. Courrier de Vitré. Semaine religieuse de Rennes. Croix de Rennes.*

Indre. — *Journal du Centre* (Châteauroux). *Moniteur de l'Indre* (Châteauroux).

Indre-et-Loir. — *Journal d'Indre-et-Loir* (Tours). *Le Tourangeau. Semaine religieuse de Tours.*

Isère. — *Dauphin catholique* (Grenoble). *Le Père La Trique* (Grenoble). *Publicité Dauphinoise* (Grenoble). *Semaine religieuse de Grenoble. Croix de l'Isère.*

Jura. — *Courrier du Jura* (Lons-le-Saunier). *Semaine religieuse de Saint-Claude. Croix Jurassienne.*

Landes. — *Journal des Landes* (Mont-de-Marsan). *L'Avant-Garde* (Dax). *L'Adour des Landes. La Nouvelle Chalosse* (Saint-Sever). *Semaine religieuse de l'Aire-s-l'Adour.*

Loir-et-Cher. — *Avenir du Loir-et-Cher* (Blois). *Echo du Loir* (Vendôme). *Semaine religieuse de Blois.*

Loire. — *Mémorial de la Loire. Moniteur de la Loire* (Saint-Etienne). *Journal de Roanne. Journal de Montbrison.*

Loire-Inférieure. — *Espérance du Peuple* (Nantes). *La Bretagne* (Nantes). *Semaine religieuse de Nantes. Croix de Nantes.*

Loiret. — *Journal du Loiret* (Orléans). *Indépendant de Gien. Annales orléannaises. Croix d'Orléans.*

Lozère. — *Courrier de la Lozère* (Mende). *Propagateur de Florac Semaine religieuse de Mende.*

Lot. — *Petite dépêche de Cahors. Clairon du Quercy. Semaine religieuse de Cahors.*

Lot-et-Garonne. — *Semaine catholique d'Agen. Croix de l'Agenais* (Tonneins).

Maine-et-Loire. — *L'Anjou* (Angers). *Réveil de l'Ouest* (Angers). *L'Echo Saumurois. Journal de Maine-et-Loire* (Angers). *L'Intérêt public* (Cholet).

Manche. — *L'Avranchin* (Avranches). *Nouvelliste de Cher-*

bourg. *Opinion de la Manche. Journal de Valogne. Courrier de la Manche* (Saint-Lô). *Revue catholique de Coutances.*

Marne. — *Journal de la Marne* (Châlons-s-Marne). *Echo de la Marne* (Vitry-le-François). *Courrier de la Champagne* (Reims). *Courrier du Nord-Est* (Epernay). *Croix de Reims. Bulletin du diocèse de Reims.*

Haute-Marne. — *Journal de la Haute-Marne* (Langres). *Eclaireur de Saint-Dizier. Semaine religieuse de Langres. Croix de la Haute Marne.*

Mayenne. — *L'Ordre. L'Indépendant de l'Ouest* (Laval). *Journal de Château-Gontier. Semaine religieuse de Laval.*

Meurthe. — *L'Espérance* (Nancy). *Journal de Lunéville. Semaine religieuse de Nancy. Croix de la Lorraine.*

Meurthe-et-Moselle. — *Journal de Meurthe-et-Moselle.*

Meuse. — *Echo de l'Est* (Bar-le-Duc). *Le Narrateur* (Saint-Michel). *Courrier de Verdun. Semaine Religieuse de Verdun.*

Morbihan. — *Le Morbihannais* (Lorient). *Petit Breton* (Vannes). *Télégramme de Lorient. Liberté Morbihannaise. Semaine religieuse de Vannes. Croix du Morbihan.*

Nièvre. — *Moniteur de la Nièvre* (Nevers). *Journal de la Nièvre* (Nevers). *Semaine religieuse de Nevers. Croix de Nevers.*

Nord. — *La Vraie France* (Lille). *L'Emancipateur de Cambrai. Journal de Roubaix. Echo de la Frontière* (Valenciennes). *Gazette de Douai. L'Indicateur. d'Hazebrouck. La Défense* (Avesnes). *La Flandre* (Dunkerque). *Croix du Nord* (Lille). *Semaine religieuse de Cambrai. Croix de Maubeuge.*

Pas-de-Calais. — *Le Montreuillois* (Montreuil). *Le Pas-de-Calais* (Arras). *Express du Nord* (Boulogne). *Indépendant de Saint-Omer. La Montreuilloise* (Arras). *Croix du Pas-de-Calais. Semaine religieuse d'Arras. Croix d'Arras.*

Oise. — *Moniteur de l'Oise* (Beauvais). *Journal de l'Oise* (Beauvais). *Echo de l'Oise* (Compiègne). *Gazette de Compiègne. Semaine religieuse de Beauvais. France catholique* (Beauvais).

Orne. — *Le Publicateur* (Domfront). *Journal d'Alençon. Petit Normand.* — *Semaine religieuse de Séez. Croix de l'Orne* (Flers).

Puy-de-Dôme. — *Gazette d'Auvergne* (Clermont-Ferrand). *Semaine religieuse de Clermont-Ferrand.*

Basses-Pyrénées. — *Mémorial des Pyrénées* (Pau). *Pays-*

Basque (Pau). *Union catholique de Pau. Bulletin catholique du diocèse de Bayonne, Croix des Basses-Pyrénées.*

Pyrénées-Orientales. — *Le Roussillon* (Perpignan).

Rhône. — *Le Salut Public. Le Nouvelliste. L'Express. L'Echo de Fourvière. Revue Hebdomadaire* (Lyon). *Croix de Lyon.*

Saône-et-Loire. — *Messager de Saône-et-Loire* (Chalon-sur-Saône). *Semaine religieuse d'Autun. Croix de Saône-et-Loire.*

Sarthe. — *Union de la Sarthe* (Le Mans). *Echo du Loir* (La Flèche). *Journal de Mamers. Semaine du Fidèle* (Le Mans). *Croix du Mans.*

Savoie. — *Courrier des Alpes* (Chambéry). *Croix de la Savoie. Semaine religieuse de Chambéry.*

Haute-Savoie. — *L'Union Savoisienne* (Annecy). *Revue du diocèse d'Annecy. Le Chablais et l'Echo de Salène* (Thonon). *Croix de la Haute-Savoie.*

Seine. — *Gaulois. Soleil. Matin. Moniteur Universel. Petit Moniteur Universel. Monde. France Nouvelle. Journal de Paris. Journal des Villes et des Campagnes. Gazette de France. Défense Française. Liberté. Patrie. Univers. Ami des Campagnes. Constitutionnel. Nouvelles. Triboulet. Gazette des Campagnes. Semaine religieuse de Paris. Croix de Paris.*

Seine-Inférieure. — *Journal de Bolbec. Patriote de Normandie* (Rouen). *Journal du Havre. Nouvelliste de Rouen. Courrier du Hâvre. Courrier de la Bresle* (Dieppe). *La Vigie* (Dieppe). *Journal de Neufchâtel. Semaine religieuse de Rouen.*

Seine-et-Marne. — *La Défense* (Fontainebleau). *Le Réveil* (Coulommiers). *Semaine religieuse de Meaux.*

Seine-et-Oise. — *Courrier de Versailles. Avenir de Pontoise. Journal de Saint-Germain. Avenir de Corbeil. Petit Versaillais. Semaine religieuse de Versailles.*

Deux-Sèvres. — *Revue de l'Ouest* (Niort).

Somme. — *Echo de la Somme* (Amiens). *Somme hebdomadaire. Message de la Somme. L'Abbevillois. Journal de Péronne. Journal de Hain. Propagateur Picard* (Mondidier). *Revue des Sciences ecclésiastiques* (Amiens). *Semaine religieuse d'Amiens. Croix d'Amiens.*

Tarn. — *Le Nouvelliste* (Albi). *Semaine religieuse d'Albi.*

Tarn-et-Garonne. — *Le Ralliement* (Montauban). *Semaine religieuse de Montauban.*

Var. — *Sentinelle du Midi* (Toulon). *Le Var* (Draguignan). *Courrier de Brignoles.*

Vaucluse. — *Union de Vaucluse* (Avignon). *Mercure Apté-sien* (Apt). *Chronique de Vauclnse* (Carpentras). *Semaine religieuse d'Avignon.*

Vendée. — *Journal de la Vendée* (Fontenay-le-Comte). *Le Publicateur* (La Roche-sur-Yon). *Le Conservateur* (Luçon). *Semaine religieuse de Luçon. Croix Vendéenne.*

Vienne. — *Courrier de la Vienne* (Poitiers). *Semaine Liturgique de Poitiers. Croix de Chatellerault.*

Vosges. — *Le Vosgien* (Epinal). *L'Impartial* (Saint-Dié). *Journal de Remiremont. Tirailleur des Vosges* (Remiremont). *Semaine religieuse de Saint-Dié. Croix de Lorraine* (Epinal).

Yonne. — *La Bourgogne* (Auxerre). *Semaine religieuse de Sens.*

Nota. — Quelques oublis ont pu se glisser dans cette liste. Dans ce cas, je prie les intéressés de vouloir bien me faire connaître les oublis ou erreurs.

Je ne réponds pas que tous les journaux de cette liste conserveront toujours le même esprit chrétien, leurs rédacteurs actuels peuvent mourir et être remplacés par d'autres qui n'auront pas les mêmes sentiments ; d'ailleurs, la franc-maçonnerie et la juiverie, qui ont résolu de s'emparer de tout, cherchent à s'introduire partout.

Il y en a qui ne figurent pas ici, et qui, aux yeux du public, paraissent bons. Prenez garde! Ceux qui font double face sont les plus à craindre. Nul ne peut servir deux maîtres, a dit Notre-Seigneur. Nul ne peut servir ensemble Dieu et le démon. Sachez que si ces journaux ont du bon et du mauvais tout à la fois ils sont mauvais et, par conséquent, il vous est défendu de les lire.

CHAPITRE V

Les œuvres infernales et révolutionnaires des francs-maçons.

Il a été dit au prophète Isaïe : « Crie bien haut et ne te lasse pas : que ta voix retentisse comme une trompette ; annonce à mon peuple les crimes dont il est couvert. » Fort de ces paroles des Livres saints, je parlerai librement.

Les francs-maçons sont parvenus au pouvoir par ruse, par tromperie, et ils en profitent pour déchristianiser la France.

Pour eux, Dieu c'est le mal. Il semble que leur rage augmente à mesure que le surnaturel s'accentue.

Ils ont ôté le crucifix de nos écoles ; les croix de certains cimetières ont été profanées, brûlées, brisées ; ils sont allés jusqu'à faire ramasser dans Paris et avec des tombereaux l'image de notre Rédempteur. On le voit, le diable et son armée ne veulent plus de croix. Ils ne savent pas, les malheureux, que, s'il le fallait, Dieu ferait encore apparaître la croix comme il le fit pour Constantin le Grand, lorsque Dieu eut jugé que trois siècles de persécutions qui avaient fait douze millions de martyrs étaient suffisants pour confirmer à la terre la vérité de sa Religion. Mais les francs-maçons ne connaissent pas l'histoire ; qu'ils sachent au moins que cette même croix présidera à leur condamnation lorsqu'au jour du jugement dernier Dieu les séparera des bons. « Ce signe de la croix, dit l'Evangile, paraîtra lorsque le Seigneur viendra juger le monde. »

Ils ont fait une loi pour empêcher le bon Dieu, le jour de sa fête, de sortir en procession, visiter et bénir les rues de nos villes. Des petits enfants habillés de blanc jetant des fleurs dans les rues était une chose qui les exaspérait. Cependant cette procession, qui arrive une fois par an, n'est pas une chose qui entrave beaucoup la circulation, surtout dans le pays si catholique de France, où personne ne s'en plaint. Avant cette loi impie, le commerce n'en souffrait pas du tout, au contraire, il allait mieux. Mais, que voulez-vous, une poignée de sectaires gagnant 25 francs par jour pour faire de pareilles lois commande à la France et la France obéit.

Ils ont défendu aux instituteurs et institutrices de faire réciter la prière aux enfants sous peine de renvoi. Il est vrai qu'on ne les écoute pas toujours et que ceux qui enseignent font leur devoir.

Là où sont encore des Sœurs et des Frères qui font l'école, on les remplace par des laïques malgré les protestations des parents. « Pourquoi, disent ceux-ci, nous ôtez-vous nos Frères et nos Sœurs, nous en sommes contents. » Mais la guerre est déclarée, on laïcise, on laïcise toujours.

C'est à l'enfance qu'ils s'attaquent, parce qu'ils savent que, s'ils ont les enfants, ils auront bientôt toute la nation. Mais ils n'arriveront pas à leur but : Dieu veille.

Si, de toutes parts, on laïcise, de toutes parts on proteste : En dix ans de temps, les congréganistes ont été chassés de cinq mille quatre cent cinquante-trois écoles ; mais le peuple chrétien de France en a rouvert quatre mille trois cent seize qui se remplissent d'élèves, tandis que les écoles laïcisées se vident. On a compté cent soixante-six écoles laïcisées qui avaient moins de dix élèves et dix-neuf qui n'en avaient point du tout ; quelques écoles comptent un seul élèves pour plusieurs professeurs payés quand même. Voilà comment Dieu punit déjà nos laïcisateurs. Valait-il la peine de faire tant de frais pour construire ces palais scolaires ? La France est déjà assez pauvre.

Espérons que bientôt les électeurs reconnaîtront qu'ils s'étaient trompés en plaçant au pouvoir de tels gouvernants et qu'ils les remplaceront par des députés chrétiens.

Cette loi dite « d'accroissement », en vertu de laquelle on charge les couvents d'impôts excédant leur capital pour les forcer à se dissoudre, est une loi de l'enfer, une loi des damnés (1). Faut-il que l'on soit obligé de comparer nos députés, Brisson entre autre, au célèbre chef de brigands, Cartouche, exécuté au siècle dernier ? O France ! ô ma patrie, qui te délivrera de tous ces brigands ?

Ils ont chassé nos Sœurs des hôpitaux, elles qui ont renoncé au monde en faisant le sacrifice de leur vie ; elles qui vont jusque sur le théâtre de la guerre panser les blessés et affronter les balles ennemis. Combien d'exemples ne nous ont-elles pas montrés, que de leçons ne nous ont-elles pas données pendant la guerre de 18 70(2).

Ah ! ceux qui les chassent les estiment dans le fond de leur cœur plus qu'ils ne s'estiment entre eux. Que dis-je, entre eux ? ils se craignent, ils se détestent, ils se battent, ils se tuent (3).

Ce qui est étrange, c'est qu'ils ne se mettent d'accord que pour faire la guerre aux catholiques en qui ils ont confiance, puisque un grand nombre de ces révoltés envoient leurs enfants chez les congréganistes. Ils savent bien que les congréganistes valent plus qu'eux.

Donc, dans les hôpitaux, les Sœurs qui travaillaient gratuitement sont remplacées par des laïques qui sont payées et qui,

(1) Voyez à ce sujet une petite brochure : *Dialogue entre Cartouche et Brisson*, chez Retaux-Bray, 84, rue Bonaparte, Paris.

(2) Voyez *Devant l'ennemi*, par D'Avesnes, chez Victor Palmé.— Voyez encore l'*Héroïsme en soutane*, par le général Ambert chez Dentu.

(3) Voyez *les Assassinats maçonniques*, par Léo Taxil, chez Savine, 12, rue des Pyramides.

au besoin, se payent de leurs mains. Je ne rapporterai pas ici tous les vols que les journaux catholiques ont racontés.

Et encore, comment sont traités nos malades ?... Jugez-le par ce qui suit : « A Paris, on a presque tout laïcisé, il n'y a plus de crucifix dans les hôpitaux, aussi plus de charité. A l'hospice Rotschild deux garçons de salle s'étant pris de querelle l'un d'eux, Jute, en a presque assommé un autre, Louis Serpoule, et lui a brisé une jambe et un bras. Quel changement avec nos douces Sœurs ! » Ecoutez-encore : « A l'hôpital Broussais, rue Didon, une malade prise d'une crise momentanée, est mise dans la camisole de force. Aussitôt la crise passée, sortir la camisole aurait été ce qu'auraient fait nos bonnes Sœurs. Il n'en est pas ainsi dans un hôpital où Dieu n'est plus. La malade, revenue à elle-même, supplia qu'on la délivre de l'instrument de torture. Plaintes, cris, tout fut inutile (c'était le jour de la fête du 14 juillet et au 100ᵉ anniversaire de la Révolution). La nuit se passa ainsi, et à quatre heures du matin la pauvre malade râlait et ne tardait pas à rendre le dernier soupir emprisonnée dans la camisole, les bras et les jambes tendus et attachés solidement à la tête et au pied du lit. »

Electeurs,

Qui êtes la plupart des ouvriers, vous le voyez, il ne faut plus devenir malades, ou, si vous le devenez, n'allez pas à l'hôpital où s'exerce la charité maçonnique. Mais, faites mieux encore : Nommez aux prochaines élections des députés catholiques qui rétablissent les Sœurs. Alors si la misère vous oblige à aller à l'hôpital vous les retrouvez à votre chevet, toujours douces et compatissantes, elles ne vous attacheront pas avec force au pied du lit pour fêter le 14 juillet, mais vous calmeront, vous consoleront dans vos souffrances, et si Dieu veut que vous y mourriez, elles vous procureront un prêtre qui fera sur vous les prières des agonisants qui conduisent à notre céleste patrie.

Si un jour nos ennemis parvenaient à réaliser tous leurs projets. Si, comme ils le désirent, il n'y avait plus de prêtres à l'église, plus de Sœurs dans aucun hôpital ni dans aucune école, on verrait en France un spectacle jusque-là inconnu : celui de la dévastation universelle. On verrait en France des scènes plus sauvages qu'au Dahomey où le roi Behanzin fait couper la tête à des centaines de victimes à la fois afin de rassasier ses dieux qui ont soif de sang humain ; mais au moins ce roi est excusable parce qu'il croit que c'est utile.

On autorise le divorce d'où résulte une source continuelle de discordes dans les familles, des querelles, des troubles dans le ménage, voir même des assassinats. Comment deux époux peuvent-ils se lier d'amitié quand ils savent qu'ils pourront se séparer.

Et les victimes du deux-décembre, à qui notre gouvernement, surchargé de dettes, paye une rente pour avoir provoqué le peuple à la révolte. Tous les ans on leur donne six millions avec l'argent des contribuables. Il y a de quoi faire bondir.

Si la France s'endette, c'est que ceux qui la gouvernent ne sont pas chrétiens et tous les jours on gaspille ce quelle a, elle qui doit déjà plus de trente milliards ! Pauvre France.

Nos francs-maçons ont expulsé de France les Dominicains, les Franciscains, des hommes qui ne font et n'enseignent que le bien. Des moines, qui, aux siècles derniers, ont eux-mêmes travaillé à défricher nos terres incultes, à assainir nos ma-rais, et à procurer ainsi à la France de grandes ressources.

Ils ont expulsé les Jésuites en employant la force brutale, eux qui ont si vaillament combattu les hérésies et qui ont préservé la France du plus grand des malheurs qui la menaçait au seizième siècle : le Protestantisme. Les Jésuites qui ont fondé des centaines d'écoles les plus savantes et d'où sont sortis les hommes les plus éminents qui sont encore la gloire de la France.

C'était un Jésuite que ce François-Xaxier, l'apôtre des Indes, qui, par l'ardeur de son zèle pour le salut de ses frères, a converti cinquante-deux royaumes, planté la croix sur une étendue de trois cents lieues qui a baptisé de sa propre main plus d'un million de mahométans et d'idolâtres, et tout cela en dix ans ! (1)

On dirait que c'est la distinée des Jésuites d'être chassés. Partout où ils sont allés semer le bien on les a chassés ; mais partout on les a rappelés. On les a chassés de nouveau et cela plusieurs fois dans beaucoup de contrées. — Pourquoi les chasse-t-on ? — Parce que Satan et son armée ne peuvent les souffrir à cause des biens immenses qu'ils font partout où ils

(1) Cet apostolat prodigieux de l'apôtre des Indes est dû au don des miracles qu'il avait reçu de Dieu en récompense de son zèle. Il avait, ainsi que les premiers apôtres reçu, le don des langues, de sorte qu'il se faisait comprendre de tous les pays qu'il traversait.

passent. Et puis ce mot de « Compagnie de Jésus » sonne si mal aux oreilles de nos ennemis ! Mais ne faut-il pas aussi que les paroles de Jésus s'accomplissent pour la Compagnie de Jésus qui porte son nom ? « Vous serez chassés à cause de moi. »

Les chrétiens qui me liront diront tous avec moi que ce sont ceux qui font de telles lois qui méritent d'être chassés. Que ces chrétiens apprennent que c'est pour eux un devoir de faire leur possible pour cela. Qu'ils sachent qu'aux époques des élections, s'ils votent pour des candidats francs-maçons ou persécuteurs des religieux, ils commettent un péché dont ils doivent s'accuser en confession. Mgr Baptifolier, à l'occasion des dernières élections municipales, a écrit dans un mandement une chose que chaque chrétien doit suivre :

« ... Vous devrez demander ou faire demander à chacun des candidats de prendre l'engagement de soutenir en tout dans le conseil les intérêts de la Religion ; si le candidat ne s'y en-engage pas nettement, vous êtes tenus, en conscience, à lui refuser votre vote.

« Sachez bien que si un candidat nommé par vous sans avoir fait cette promesse venait à proposer et faire adopter une mesure antireligieuse, vous seriez responsables de cette mesure devant Dieu, devant l'Eglise, devant votre conscience, et vous devriez vous accuser en confession d'avoir porté au pouvoir un persécuteur de l'Eglise... »

J'ajoute que l'on doit toujours voter, quand même les candidats seraient tous hostiles à la Religion ; dans ce cas, on doit choisir le plus digne. S'abstenir de voter quand l'abstention peut occasionner la nomination des persécuteurs, c'est commettre une faute grave.

Donc, aux prochaines élections, balayons, purgeons la France de ces intrus qui sont venus, soit pour porter atteinte à notre liberté religieuse, soit nous voler ou faire des dépenses non seulement inutiles mais nuisibles. Nuisibles les dépenses faites pour les splendides funérailles civiles et païennes de nos francs-maçons persécuteurs ; nuisibles les dépenses faites pour élever des statues à des hommes qui n'ont fait que le mal, tel qu'un Gambetta, qui fumait des cigares exquis tandis que nos soldats mouraient de faim et de misère dans un pays étranger ; lui qui a fait chasser les Jésuites, lui le franc-maçon qui a osé dire : « Le cléricalisme, voilà l'ennemi ! » ; nuisibles les dépenses faites pour la statue de Danton, le coupeur de têtes, digne émule de Robespierre et de Marat ; nuisibles les dépenses pour les deux statues de Voltaire. Pour celui-ci, ce n'était pas assez d'une statue parce que Voltaire est un des leurs : il a su tuer beaucoup d'âmes et préparer son siècle à la triste fin que l'on sait.

Enfin, ils ont tout mis en jeu, employé tous leurs talents pour faire la guerre à notre belle et sainte Religion ; jusqu'aux noms des rues, qui portaient le nom de quelque saint, ils l'ont changé. N'y a-t-il pas de quoi gémir?

Mais quel est celui qui ne voit pas dans tout cela la continuation de la révolte des mauvais anges, révolte qui doit se continuer jusqu'à la fin des temps. Si Dieu permet cette révolte, c'est pour affermir les bons, les engager à se défendre, et par ce moyen acquérir des mérites. Mais si ceux-ci n'osent pas se défendre Dieu les punit en les abandonnant pour un temps à la fureur de leurs ennemis. Ainsi, un pays tel que la France, chez lequel les chrétiens manquant de courage ont laissé se passer tant de mauvaises choses, ne doit-il pas s'attendre à être châtié?

Tout crime entraîne nécessairement avec lui sa punition. La justice de Dieu demande que chaque faute soit expiée; or, les grandes fautes demandent de grandes expiations. Est-ce que la France n'est pas vraiment coupable? Quelle s'attende donc, si elle ne se défait pas au plus tôt de ses ennemis, qu'elle s'attende à être gouvernée avec une verge de fer.

Lorsqu'on chasse le bon Dieu, c'est le diable qui règne à sa place et avec lui c'est la révolution, le brigandage, l'anarchie avec ses suites.

Le peuple a voulu écouter les journaux francs-maçons qui ont fait nommer des députés francs-maçons; et voilà que ce peuple a reçu dans l'affaire du Panama un juste châtiment en se faisant voler par ces mêmes députés. Le peuple les avait laissés proscrire le catéchisme qui dit : « Le bien d'autrui tu ne prendras » et il en a vu les résultats. Ce qu'il y a de plus drôle, c'est que les coupables ont lancé le bruit que c'était les évêques et les Jésuites qui étaient les coupables. On en verra bien d'autres.

Déjà la jeunesse élevée dans les écoles sans Dieu commence à nous épouvanter par ses crimes.

Déjà la dynamite a commencé à faire sauter les maisons. Dans les églises on a vu des scènes affreuses préparées par les suppots du diable et leurs journaux ont annoncé que c'étaient les fidèles qui étaient les coupables.

Voilà où nous en sommes. On verra bien pire encore, car les paroles de l'Evangile, nous parlant de l'abomination et de la désolation dans le lieu saint, ne peuvent manquer de s'accomplir.

Lorsque nos prêtres et nos évêques, poussés par le devoir, ont voulu avertir les fidèles des manœuvres injustes faites par des hommes sans Dieu, s'ils ont protesté contre ces lois impies que l'Eglise ne peut tolérer, ils ont eu leur traitement supprimé. C'est encore un vol qu'on leur a fait car l'argent que le prêtre ou l'évêque reçoit de l'Etat n'appartient pas à l'Etat, ce n'est qu'une restitution que lui fait l'Etat; car avant la grande Révolution l'Eglise possédait des biens qui lui avaient été donnés par les fidèles pour son entretien. Or, la Révolution s'empara injustement de ces biens, elle consentit seulement, à titre de dédommagement, à accorder aux prêtres et aux évêques le traitement qu'ils reçoivent. Or, ce traitement ne représente pas même l'intérêt des biens dont le clergé a été dépouillé. C'est en 1789 que l'on confisqua les biens du clergé, et c'est en 1791 que l'Assemblée constituante inséra l'article suivant dans sa constitution : « Le traitement des ministres du culte catholique fait partie de la dette nationale. Les fonds nécessaires au paiement de la dette nationale ne peuvent être ni refusés ni suspendus. »

Ni refusés ni suspendus, est-ce clair? et on les refuse, on suspend sans débat, sans discussion, sans vouloir entendre les justes protestations des victimes.

Déchirer ainsi l'engagement fait par l'Etat parce que nos francs-maçons l'ont décidé est un genre de persécution contre lequel nous devons, nous, chrétiens, protester avec énergie. C'est un vol dont nos députés se rendent coupables. Mais ils veulent réduire le clergé à la mendicité. Eh bien! les prêtres iront mendier s'il le faut, mais les catholiques indignés ne pourront s'empêcher de crier: « A bas les voleurs! A bas les persécuteurs! »

Si ces hommes qui sont coupables de voler le clergé restent au pouvoir, qui nous assure qu'un beau jour tous ceux qui ont placé leur argent sur l'Etat ne s'en verront pas dépouillés?

Que les honnêtes gens ne cessent donc de crier jusque sur les toits cette vérité:

Le franc-maçon, voilà l'ennemi!

CHAPITRE VI

Appel à tous les électeurs français.

Permettez que je vous rappelle un devoir de conscience, auquel la plupart ne font pas attention.

Depuis quelques années, la France, qui est composée de 35 millions de catholiques, se laisse gouverner par quelques centaines de sectaires, de voleurs dont on se plaint de tous côtés. On s'en plaignait déjà avant les dernières élections ; cela n'empêche pas qu'ils sont encore en place. Et pourqnoi cela ? — Parce qu'ils vous ont menti en vous promettant tout ce que vous leur demandiez, et même des choses que vous ne leur demandiez pas du tout, et maintenant ils rient de vous. Ils ne voulaient qu'une chose : occuper la place. Allez aujourd'hui leur demander un service, ils sauront bien se dérober à vos sollicitations. Cela n'empêchera pas qu'aux prochaines élections, il y aura encore des imprudents qui donneront leur vote à des charlatans éhontés qui parcourent les campagnes avec carrosse en distribuant à droite et à gauche des imprimés mensongers, et les niais s'y laisseront prendre.

Pour déjouer ces machinations, il y a un remède, c'est de favoriser la lecture des bons journaux par tous les moyens qui sont en notre pouvoir. C'est la mauvaise presse qui fait faire les mauvaises élections, et ce sont des élections que dépend le bonheur du peuple. Il faut donc que ceux qui tiennent à ce que leur département ou leur arrondissement possède des hommes sur qui ils puissent compter, il faut, dis-je, qu'ils fassent en sorte que dans leur département ou arrondissement les bons journaux de la localité soient connus.

Que des hommes de cœur se lèvent donc ! qu'ils fassent autour d'eux cette grande œuvre de la propagation de la bonne presse si bien commencée dans certaines régions, et ils verront les hommes se transformer, ils verront que la plupart des électeurs ne votaient si mal que parce qu'ils ne connaissaient pas les bons candidats.

Pour cela, direz-vous, il faut de l'argent ? — Oui, il en faut, mais moins que vous pensez. Que de bien on peut faire avec un peu d'argent ! Et il y en a tant qui se dépense inutilement ! là, que de mérites on acquerrait !

Mais parmi ceux qui ont cet argent, il y en a beaucoup, j'en suis convaincu, qui ne craindraient pas d'en sacrifier s'ils étaient sûrs de réussir.

Sûrs de réussir !... Mais qu'ils essaient.

Que faut-il donc pour faire changer un homme ?

L'homme est l'être le plus fragile, le plus inconstant de tous les êtres ; c'est une girouette, un vrai caméléon qui change de couleur à volonté.

Il ne faut pas discuter avec lui, car cet être, si faible, si versatile, est en même temps si orgueilleux, que si vous vouliez le convaincre quand ses idées sont arrêtées, vous ne feriez que l'animer contre vous.

Donnez-lui tout simplement un écrit : soit un bon journal, soit cette petite brochure que vous lisez en ce moment, à laquelle il ne pourra pas répondre et qui lui dit la vérité; ces simples feuilles de papier le feront changer, car l'homme, fut-il un méchant, un fourbe, un criminel, s'attache à la vérité et il hait le mensonge.

Voilà comment vous réussirez à transformer les hommes; le moyen est bien simple.

Que tous ceux qui veulent aider au relèvement de la France essaient ce genre d'apostolat si simple, si à la portée de tout le monde, et même des pauvres.

Oui, des pauvres, car les plus pauvres peuvent aussi faire beaucoup s'ils veulent s'y prêter.

Que plusieurs familles pauvres d'un quartier ou d'une rue se réunissent pour prendre entre toutes un abonnement à un bon journal qu'elles se feront passer et qui ne leur coûtera presque rien. Que, dans un autre quartier, un autre abonnement se prenne, et bientôt toutes les familles du village, curieuses de savoir les nouvelles, voudront s'abonner aussi.

Remarquez qu'il ne faut qu'un pauvre qui voudrait relever sa commune pour mettre toute la chose en mouvement.

Allez donc de l'avant, vous qui êtes pauvres, vous pouvez faire en petit le bien autour de vous.

Dieu vous en tiendra compte comme si vous le faisiez en grand, avec une fortune qui vous manque. Si les riches ne veulent pas profiter de la leur pour faire le bien, elle leur sera à charge un jour. Vous savez que notre Seigneur a dit « qu'il est plus difficile à un riche d'entrer dans le royaume des cieux qu'il est difficile à un chameau de passer par le trou d'une aiguille. » Après leur mort, s'ils n'ont pas su faire bon usage de leurs richesses, ils seront alors plus pauvres que vous, car, à la mort, on n'emporte rien... que ses bonnes œuvres.

Dans un discours que fit M. de Cassagnac, où il avait critiqué la conduite de nos députés, sénateurs, ministres... panamistes, après avoir dit où sont passés les douze cent millions du Panama, après avoir dit que parmi plus de cent voleurs « tous étaient de la gauche, pas un de la droite »; que le cri de « à bas les voleurs ! » retentit aux quatre coins de la France, il s'écrie : « Le mandat que vous me donnerez, Messieurs... c'est le mandat d'accrocher au gibet, les ministres, les députés, les sénateurs qui ont écumé l'affaire du Panama comme des pirates. C'est le mandat de chasser les voleurs qui sont au gouvernement et de les remplacer par des honnêtes gens. »

Et pour cette œuvre légitime il propose de prendre un balai.

Sans doute, M. de Cassagnac a raison de vouloir nettoyer « cette écurie remplie du fumier » qui est la Chambre des députés.

Et c'est notre devoir, à nous aussi, électeurs, de chasser de toute la France les francs-maçons et les juifs : Notre-Seigneur ne nous en a-t-il pas donné l'exemple il y a bientôt vingt siècles en prenant lui-même un fouet et en chassant les vendeurs qui profanaient le temple ?

Mais aujourd'hui, si la France est profanée qui en est la cause ?

C'est vous, électeurs; c'est donc à vous de réparer.

Et si vous voulez réparer il ne vous suffirait pas aujourd'hui de prendre un fouet et d'aller frapper ceux que vous avez placés vous-même; il est vrai qu'ils le mériteraient puisqu'ils vous ont trompés, mais à quoi cela servirait-il encore si, au moment des nouvelles élections, vous n'êtes pas mieux renseignés que vous l'étiez et que vous en placiez d'autres qui ne valent pas plus que les premiers.

Si vous voulez réparer, vous dis-je, il vous faut d'abord savoir ceux qui méritent votre vote, et vous ne le saurez que par la voix des journaux catholiques.

Voilà l'arme qu'il vous faut; le journal, c'est le meilleur des balais.

Cette arme, ce livre vous la procure en vous donnant la liste des bons journaux; il vous suffirait de le faire connaître autour de vous pour propager la bonne presse car il en est comme le porte semence.

Allez donc de l'avant, vous que la foi éclaire, vous qui aimez notre patrie !

Unissons-nous comme les impies s'unissent. Faisons le bien puisqu'ils font le mal ; faisons luire la lumière de la vérité puisqu'ils disent le mensonge.

A l'œuvre, chrétiens, il est temps ! Voyez, les âmes se perdent, les crimes se multiplient parce que les sectes empoisonnent tout avec leurs journaux. Aidez-moi à réparer, aidez-moi à répandre les bons écrits, vous en serez récompensés, car c'est l'apostolat le plus méritoire que l'on puisse faire aujourd'hui.

Ne dites pas que la chose vous intéresse peu. Mais pourquoi, alors, Dieu vous a-t-il placés sur la terre ? Est-ce pour être inutiles ? Non, les inutiles embarrassent et ne méritent pas de vivre. Un châtiment terrible est réservé à l'inutile. « Jetez, dit le Seigneur, le serviteur inutile dans les ténèbres extérieures là il y aura des pleurs et des grincements de dents (Matth. 25).

Quand vous ne faites rien de mal directement ou que vous vous promenez les mains dans les poches en disant que vous n'êtes pas cause du mal qui se fait et que vous laissez tout faire, non seulement vous êtes inutiles, mais vous êtes considérés comme coupables et les ténèbres extérieures vous sont réservées.

Mais vous êtes lancés dans le chemin de la vie qui n'est qu'un long combat, vous ne pouvez reculer, l'heure fatale de la mort viendra et si vous n'avez rien fait vous serez pris et jetés au feu comme l'arbre qui ne porte pas de fruits. « Celui qui n'est pas pour moi est contre moi, a dit le Seigneur, et celui qui n'amasse pas avec moi, dissipe ». Or, vous le voyez, vous ne pouvez être neutre : si vous n'êtes pas pour Dieu vous êtes pour le démon, l'un ou l'autre.

Rester inactif tandis qu'il y a tant à faire est une faute que l'on ne saurait trop blâmer. Mieux vaudrait se déclarer l'ennemi de Dieu que de se dire chrétien et rester dans la nullité. Non, nos sectaires sont moins coupables que celui qui se dit chrétien et qui ne fait rien pour Dieu.

De terribles menaces ont été prononcées pour ce serviteur inutile « Puissiez-vous être chaud ou froid, mais parce que vous êtes tiède je vous vomirai de ma bouche. »

Chrétiens, sachez que si vous ne voulez pas être renié de Dieu vous avez à combattre ; sachez que ce n'est pas en vain que l'Eglise s'appelle *militante*, c'est-à-dire que tout chrétien est un soldat de Jésus-Christ, que dès qu'il cesse de combattre, il ne fait plus partie de notre armée et qu'il ne sera pas accepté pour faire partie de l'Eglise *triomphante*, que nous attendons dans un monde meilleur.

Electeurs chrétiens, vous tous qui soutenez la bonne cause, c'est vous qui êtes chargés d'apporter le remède à tous les maux qui nous accablent.

C'est à vous d'instruire les électeurs ignorants qui se sont laissés tromper et de les prévenir contre les ruses des francs-maçons.

C'est à vous à indiquer le candidat qui mérite d'être nommé. Voilà votre devoir. Faites-le, et faites-le bien, le sort de la France dépend de vous.